M Christina Butler · Tina Macnaughton

Der kleine Igel verirrt sich im Schnee

D1695223

Der kleine Igel war früh aufgewacht. Nun wollte
er schnell nach draußen.
»Ach du meine Güte!«, rief er erschrocken,
als er sich mit aller Kraft gegen die Haustür
stemmte. Sie ließ sich einfach nicht öffnen.
»Bestimmt hat es die ganze Nacht geschneit«,
dachte der kleine Igel. »Jetzt bin ich eingeschneit.
Was soll ich bloß machen?«

Doch dann hatte der kleine Igel eine Idee: Er zwängte sich durch eins der oberen Fenster und versank …

schwupps!

… im tiefen weichen Schnee.

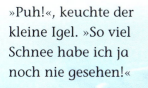

»Puh!«, keuchte der
kleine Igel. »So viel
Schnee habe ich ja
noch nie gesehen!«

Es dauerte eine Weile, bis er sich befreit hatte und einen
Weg freischaufeln konnte. Danach brauchte er eine
Verschnaufpause.
»O weh!«, rief er
plötzlich. »Bestimmt
ist die Maus
auch eingeschneit.
Ich muss sofort
nach ihr sehen.«

Mit seinen kurzen Beinchen stapfte der
kleine Igel so schnell er konnte los.
Plötzlich stieß er an ein Hindernis,
das unter dem Schnee versteckt lag.
Er stolperte, rutschte aus und
plumpste in ein tiefes Loch
unter einer Schneewehe.

»Huiii!«

Verzweifelt versuchte der kleine Igel aus dem Schneeloch zu klettern, aber die Wände waren zu glatt. Immer wieder rutschte er ab und landete unsanft auf seinem Po.

Plumps!

»O weh!«, seufzte der kleine Igel. »Was soll ich bloß machen?«
Doch da hatte er eine tolle Idee:

Er nahm seinen Wanderstock, setzte seine rote Mütze ganz obendrauf und schwenkte sie wie eine Fahne.

»Was ist denn das?«, wunderte sich das Kaninchen, das gerade seinen Morgenspaziergang machte. »Hm, diese rote Mütze kenne ich doch!«

»Kleiner Igel!«, rief das Kaninchen. »Was machst du denn da unten im Schneeloch?«
»Gut, dass du da bist«, seufzte der kleine Igel.
»Ich komme hier nicht heraus.
Hilfst du mir?«

Mit einem kräftigen Ruck zog das Kaninchen
den kleinen Igel ins Freie.

»Ich wollte nach der Maus schauen«, erzählte der
kleine Igel. »Plötzlich bin ich ausgerutscht und im
Schneeloch gelandet.«
»Komm, wir gehen zusammen zur Maus«, sagte das
Kaninchen.
Und so machten sich die beiden Freunde gemeinsam
auf den Weg. Dicke Schneeflocken tanzten im Wind
und kitzelten sie an den Nasen.

Sie stapften und stapften und stapften – bis sie auf verdächtige
Fußspuren stießen.

»Hm«, meinte das Kaninchen und zwirbelte seine Barthaare.
»Dies hier sind eindeutig Kaninchenspuren.«

»Und dies sind eindeutig Igelspuren«, flüsterte der kleine Igel.
»Meinst du, das könnten unsere sein?«

»O weh!«, rief das Kaninchen entsetzt. »Dann wären wir ja
im Kreis gelaufen!«

Die beiden Freunde zitterten
vor Schreck und vor Kälte.
Es schneite unaufhörlich
und der Wind pfiff eisig
durch die Baumwipfel.

Der kleine Igel und das Kaninchen waren verzweifelt.
Da hörten sie eine laute Stimme rufen: »Was macht ihr
denn bei diesem Wetter draußen?« Es war der Fuchs.
»Wir wollten eigentlich zur Maus«, sagte der kleine Igel.
»Aber wir haben uns verirrt«, seufzte das Kaninchen.
»Ich kenne den Weg«, tröstete der Fuchs. »Kommt
einfach mit mir.«

Sie waren noch gar nicht lange unterwegs,
da knisterte und knackte es bei jedem ihrer
Schritte. Und dann verloren sie plötzlich
den Boden unter ihren Füßen.

»Hilfe!«, riefen die drei Freunde und krallten sich am Ufergestrüpp fest. »Meine Mütze!«, rief der kleine Igel. »Ich hab meine Mütze verloren!«

In dem Moment kam der Dachs herbeigeeilt. Schnell
brachte er die Freunde in Sicherheit.
»Ich habe mir schon gedacht, dass ihr in
Schwierigkeiten seid«, keuchte der Dachs.
»Als ich die rote Mütze im Fluss
schwimmen sah,
war's mir
sofort klar.«

»Danke, lieber Dachs!«, seufzte der
kleine Igel erleichtert. »Ich hab
schon befürchtet, dass ich meine
schöne, weiche rote Mütze niemals
wiederfinde!«

Bald erreichten die vier Freunde die Maushöhle. Ihr Eingang lag tief unter
der weichen Schneedecke versteckt. Dachs, Fuchs, Kaninchen und der kleine
Igel mussten ziemlich lange graben, bis sie ihn freigelegt hatten.

»Ihr ahnt ja nicht, wie sehr ich mich
freue, dass ihr da seid!«, piepste die
Maus, als sie ihren Freunden öffnete.
»Puh«, seufzte der Dachs. »Ich
habe heute genug Schnee gesehen.
Höchste Zeit für ein gemütliches
Abendessen! Ich lade euch alle zu
mir nach Hause ein.«

»Schau dir nur die Mäusekinder an, kleiner Igel!«, lachte der Dachs
unterwegs. »Sie haben sich in deiner weichen Mütze aneinandergekuschelt.
Was würden wir nur ohne deine rote Mütze machen?«
»Stimmt«, sagte der kleine Igel. »Aber vor allem: Was würden wir ohne
einander machen?«
Und der Dachs gab ihm recht: »Gute Freunde sind einfach das Wichtigste
auf der Welt!«